내가 읽고
따라 쓰는
사자소학

사람은
누구나
소중하다

이 책을 내면서

우리 아이들이 한자의 형태를 익히고

문장의 해석된 뜻을 이해하여

스스로 읽고 손으로 따라 써서

몸과 마음의 자세를

바르게 하는 데에 도움을 주고

한자와 한문 공부가 어렵지 않도록

책의 여백을 충분히 두어

편안하고 여유롭게

따라 쓰기를 할 수 있을 것이다.

사람이 살아가면서 글을 가까이하는 것은
행복한 일상 중에 기쁜 일이라고 생각한다.
단기 4352년 1월 11일
清香山房에서 無性 李民炯

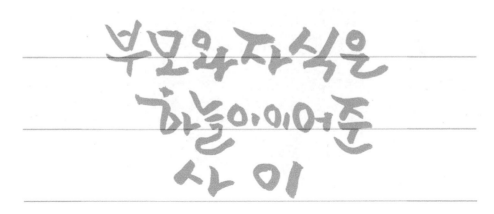

부모와 자식은
하늘이 이어준
사 이

父生我身하고 母鞠吾身이라

아버지는 나의 몸을 이 세상에 태어나

게 해 주셨고, 어머니는 나의 몸을 자라

나게 해 주셨다

父아버지 부/ 生날 생/ 我나 아/ 身몸 신
母어머니 모/ 鞠기를 국/ 吾나 오/ 身몸 신

腹以懷我하고 乳以哺我니라

어머니의 배 속에서 나를 따뜻한 마음으

로 품어 주셨고, 세상에 태어난 나에게

어머니는 처음으로 젖을 먹여 주셨다

腹배 복/ 以써 이/ 懷품을 회/ 我나 아
乳젖 유/ 以써 이/ 哺먹일 포/ 我나 아

以衣溫我하고 以食飽我니라

어릴 때에는 나에게 옷으로써 따뜻한

마음을 주셨고, 좋은 음식으로써 나를

건강하게 해 주셨다

以써 이/ 衣옷 의/ 溫따뜻할 온/ 我나 아
以써 이/ 食음식 식/ 飽배부를 포/ 我나 아

恩高如天하고 德厚似地니라

부모님께서 베풀어주신 은혜는 파란 하

늘 같이 높고, 부모님께서 주신 사랑은

땅과 같이 포근하다

恩은혜 은/ 高높을 고/ 如같을 여/ 天하늘 천
德덕 덕/ 厚두터울 후/ 似같을 사/ 地땅 지

爲人子者이 曷不爲孝리오

사람의 자식으로 태어나서, 어찌 나의

부모님께 효도하지 않을 수 있는가?

爲될 위/ 人사람 인/ 子자식 자/ 者사람 자
曷어찌 갈/ 不아니 불/ 爲할 위/ 孝효도 효

欲報其德인데 昊天罔極이라

나에게 주신 부모님의 사랑을 되돌려

드리고 싶어도, 그 사랑은 하늘처럼 넓

어서 다 갚을 수 없다

欲하고자할 욕/報 갚을 보/ 其그 기/ 德덕 덕
昊하늘 호/ 天하늘 천/ 罔없을 망/ 極다할 극

父母呼我하면 唯而趨進하라

부모님께서 나의 이름을 다정하게 부르

시면, 밝은 목소리로 대답하고 부모님이

계신 곳으로 가라

父아버지 부/ 母어머니 모/ 呼부를 호/ 我나 아
唯대답할 유/ 而말이을 이/ 趨달려갈 추/ 進나아갈 진

有命必從하며 勿逆勿怠하라

부모님께서 나에게 일을 시키시면 반드

시 따르며, 귀찮아하지 말고 좋은 생각

으로 그 일을 하라

有있을 유/ 命시킬 명/ 必반드시 필/ 從따를 종
勿말 물/ 逆거스를 역/ 勿말 물/ 怠게으를 태

父母責之하면 勿怒勿答하라

부모님께서 나의 잘못을 알려 주시면,

나쁜 기분은 가라앉히고 화난 말투로

대답하지 말라

父아버지 부/ 母어머니 모/ 責꾸짖을 책/ 之갈 지
勿말 물/ 怒노여워할 노/ 勿말 물/ 答대답할 답

侍坐親前하면 勿踞勿臥하라

부모님과 여러 친척들을 모시고 앉을

때면, 비스듬히 기대어 앉거나 혼자만

누워있지 말라

侍모실 시/ 坐앉을 좌/ 親친척 친/ 前앞 전
勿말 물/ 踞걸터앉을 과/ 勿말 물/ 臥누울 와

侍坐父母어든 勿怒責人하라

부모님을 모시고 여러 사람들과 함께

앉아 있을 땐, 다른 사람에게 화를 내거

나 혼내지 말라

侍모실 시/ 坐앉을 좌/ 父아버지 부/ 母어머니 모
勿말 물/ 怒화낼 노/ 責꾸짖을 책/ 人사람 인

父母出入어든 每必起立하라

부모님께서 외출하시고 돌아오실 때면,

매번 반드시 일어나 따뜻한 마음으로

맞이해 드려라

父아버지 부/ 母어머니 모/ 出나갈 출/ 入들어갈 입
每매양 매/ 必반드시 필/ 起일어날 기/ 立설 립

父母衣服을 勿踰勿踐하라

부모님께서 입으시는 옷들을, 바닥에

놓고 넘거나 발로 밟지 말라

父아버지 부/ 母어머니 모/ 衣옷 의/ 服옷 복
勿말 물/ 踰넘을 유/ 勿말 물/ 踐 밟을 천

親履勿履하고 親席勿座하라

부모님 신발은 가지런히 하여 밟지 말

고, 부모님께서 앉으시는 자리가 정해지

면 거기에는 앉지 말라

親어버이 친/ 履신발 리/ 勿말 물/ 履밟을 리
親어버이 친/ 席자리 석/ 勿말 물/ 座앉을 좌

事必稟行하고 無敢自專하라

하고 싶은 일이 있으면 반드시 부모님께

여쭈어 행동하고, 절대로 자기 혼자만

의 생각대로 하면 안 된다

事일 사/ 必반드시 필/ 稟여쭐 품/ 行행할 행
無없을 무/ 敢감히 감/ 自스스로 자/ 專오로지 전

出必告之하고 返必拜謁하라

집밖에 나갈 때에는 반드시 부모님께

말씀드리고, 집으로 돌아와서도 부모님

께 다녀왔음을 알려 드려라

出나갈 출/ 必반드시 필/ 告고할 고/ 之갈 지
返돌아올 반/ 必반드시 필/ 拜절 배/ 謁 아뢸 알

13

勿與人鬪하라 父母憂之니라

다른 사람과 다투지 말라, 부모님께서

걱정하신다

勿말 물/ 與함께 여/ 人사람 인/ 鬪싸울 투
父아버지 부/ 母어머니 모/ 憂근심할 우/ 之갈 지

父母有疾어든 憂而謀療하라

부모님께서 편찮으시면, 걱정하여 어떻

게 하면 건강해지실지 생각하라

父아버지 부/ 母어머니 모/有있을 유/ 疾아플 질
憂근심할 우/ 而말이을 이/ 謀도모할 모/ 療고칠 료

晨必先起하고 暮須後寢하라

편찮으신 부모님보다 새벽에 반드시 먼

저 일어나 살피고, 저녁엔 부모님께서

잠이 드신 후에 잠들어라

晨새벽 신/ 必반드시 필/ 先먼저 선/ 起일어날 기
暮저녁 모/ 須모름지기 수/ 後뒤 후/ 寢잠잘 침

父母不食어든 思得良饌하라

편찮으신 부모님께서 음식을 잘 드시지

못하면, 입맛에 맞는 음식을 만들어 드

릴 것을 생각하라

父아버지 부/ 母어머니 모/ 不아니 불/ 食먹을 식
思생각 사/ 得얻을 득/ 良어질 양/ 饌반찬 선

15

衣服雖惡이나 與之必着하라

옷이 비록 마음에 들지 않더라도, 부모

님께서 주시면 반드시 입어 보아라

衣옷 의/ 服옷 복/ 雖비록 수/ 惡나쁠 오
與줄 여/ 之갈 지/ 必반드시 필/ 着입을 착

飲食雖厭이나 賜之必嘗하라

음식을 지금은 먹고 싶지 않더라도, 부

모님이 사랑으로 만들어 주셨으니 반드

시 맛은 보아라

飮마실 음/ 食먹을 식/ 雖비록 수/ 厭싫을 염
賜줄 사/ 之갈 지/ 必반드시 필/ 嘗맛볼 상

身體髮膚는 受之父母이니

나의 소중한 몸은, 부모님께 받은 것이니

身몸 신/ 體몸 체/ 髮터럭 발/ 膚피부 부
受줄 수/ 之갈 지/ 父아버지 부/ 母어머니 모

不敢毁傷이 孝之始也니라

함부로 다치지 않게 하는 것이, 효도의

시작이다

不아니 불/ 敢감히 감/ 毁훼손할 훼/ 傷상할 상
孝효도 효/ 之갈 지/ 始 비로소 시/ 也어조사 야

父母愛之를 喜而勿忘하라

부모님께서 그동안 사랑해 주신 일들을,

마음속으로 기뻐하며 평생토록 잊지 말

자

父아버지 부/ 母어머니 모/ 愛사랑 애/ 之갈 지
喜기쁠 희/ 而말이을 이/ 勿말 물/ 忘잊을 망

事親如此하면 可謂孝矣니라

부모님을 섬기는 것을 이와 같이 한다

면, 효도를 잘한다고 말할 수 있다

事섬길 사/ 親어버이 친/ 如같을 여/ 此이 차
可가할 가/ 謂말할 위/ 孝효도 효/ 矣어조사 의

18

아내와 남편은
서로
공경한다

자
소학

19

婦夫之道은 二姓之合이라

아내와 남편이 된다는 것은, 서로 다른

집안의 여성과 남성이 만나서 결혼하는

것이다

婦아내 부/ 夫남편 부/ 之갈 지/ 道길 도
二두 이/ 姓성씨 성/ 之갈 지/ 合합할 합

內外有別하여 相敬如賓하라

아내와 남편은 서로 맡은 역할이 있어서,

서로 귀한 손님을 대하듯이 공경해야 한

다

內안 내/ 外바깥 외/ 有있을 유/ 別나눌 별
相서로 상/ 敬공경할 경/ 如같을 여/ 賓손님 빈

夫道和剛하고 婦德柔順이라

남편으로 지켜야 하는 예절은 온화하고

올곧은 성품이고, 아내가 지켜야 하는

예절은 부드러운 마음씀씀이다

夫남편 부/ 道길 도/ 和온화할 화/ 剛굳셀 강
婦아내 부/ 德덕 덕/ 柔부드러울 유/ 順순할 순

愛之敬之는 夫婦之道니라

서로 사랑하고 공경하는 것은, 남편과

아내가 지켜야 할 중요한 예절이다

愛사랑 애/ 之갈 지/ 敬공경할 경/ 之갈 지
夫남편 부/ 婦아내 부/ 之갈 지/ 道 법도 도

夫唱婦隨하면 家道成矣리라

남편과 아내가 서로 소통하고 화합하

면, 집안의 분위기가 화목하게 잘 이루

어질 것이다

夫남편 부/ 唱부를 창/ 婦아내 부/ 隨따를 수
家집 가/ 道법도 도/ 成이룰 성/ 矣어조사 의

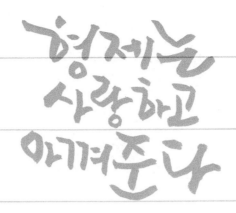

형제는
사랑하고
아껴준다

兄弟姉妹는 同氣而生이라

형제와 자매는, 부모님의 기운을 똑같

이 받고 태어났다

兄형 형/ 弟아우 제/ 姉윗 언니 자/ 妹여동생 매
同같을 동/ 氣기운 기/ 而말이을 이/ 生날 생

兄友弟恭하고 不敢怨怒하라

형답게 사랑하고 동생답게 공손히 하

고, 형제끼리 불편한 일이 있으면 함부

로 원망하거나 화내지 말아라

兄형 형/ 友우애할 우/ 弟아우 제/ 恭공손할 공
不아니 불/ 敢감히 감/ 怨원망할 원/ 怒화낼 노

比之於木하면 同根異枝니라

형제를 나무에 비유하면, 뿌리는 같고

가지만 다른 것이다

比비교할 비/ 之갈 지/ 於늘 어/ 木나무 목
同같을 동/ 根뿌리 근/ 異다를 이/ 枝나뭇가지 지

私其衣食하면 夷狄禽獸니라

형제간에 옷과 음식을 가지고 서로 다

툰다면, 나쁜 사람들이나 짐승과 같아

지는 것이다

私사사로울 사/ 其그 기/ 衣옷 의/ 食먹을 식
夷오랑캐 이/ 狄오랑캐 적/ 禽날짐승 금/ 獸들짐승 수

一杯之水하여 必分而飮하라

한 잔의 물도 소중히 생각하여, 반드시

공평하게 나누어 마셔라

一한 일/ 杯잔 배/ 之갈 지/ 水물 수
必반드시 필/ 分나눌 분/ 而말이을 이/ 飮마실 음

一粒之食이라도 必分而食하라

한 톨의 음식이라도, 반드시 사이좋게

나누어 먹어라

一한 일/ 粒낱알 립/ 之갈 지/ 食곡식 식
必반드시 필/ 分나눌 분/ 而말이을 이/ 食먹을 식

兄弟有過하면 和氣以諫이라

형이나 동생 중에서 실수나 잘못을 했

으면, 따뜻한 마음씨로 그 잘못된 것을

고치도록 말해 주어라

兄형 형/ 弟아우 제/ 有있을 유/ 過허물 과
和온화할 화/ 氣기운 기/ 以써 이/ 諫간할 간

兄弟有難하면 悶而思救하라

형제간에 어려운 일이 있으면, 걱정하여

도와 줄 것을 생각하라

兄형 형/ 弟아우 제/ 有있을 유/ 難어려울 난
悶가여울 민/ 而말이을 이/ 思생각 사/ 救구원할 구

打有兄弟는 如打父母니라

나의 형과 나의 동생을 때리는 것은,

나의 부모님을 때린 것과 같다

打칠 타/ 有있을 유/ 兄형 형/ 弟아우 제
如같을 여/ 打칠 타/ 父아버지 부/ 母어머니 모

我欺兄弟는 如欺父母니라

내가 나의 형제를 속이는 것은, 나의 부

모님을 속이는 것과 같다

我나 아/ 欺속일 기/ 兄형 형/ 弟아우 제
如같을 여/ 欺속일 기/ 父아버지 부/ 母어머니 모

敬我兄後에 敬人之兄니라

나의 형을 사랑하여 공경한 뒤에, 다른

사람의 형도 공경할 수 있다

敬공경할 경/ 我나 아/ 兄형 형/ 後뒤 후
敬공경할 경/ 人사람 인/ 之갈 지/ 兄형 형

愛我弟後에 愛人之弟니라

나의 동생을 사랑한 뒤에, 다른 사람의

동생도 사랑할 수 있다

愛사랑 애/ 我나 아/ 弟아우 제/ 後뒤 후
愛사랑 애/ 人사람 인/ 之갈 지/ 弟아우 제

어른과 아이는
지켜야 하는
질서가 있다

사자소학

長者慈幼하고 幼者敬長하라

어른이라면 나이 어린 사람들을 사랑해

야 하고, 나이가 어린 사람들이라면 어

른을 공경해야 한다

長어른 장/ 者사람 자/ 慈자애로울 자/ 幼어린아이 유
幼어린아이 유/ 者사람 자/ 敬공경할 경/ 長어른 장

長者之前하면 進退必恭하라

어른이 나의 앞에 계실 때에는, 앞이나

뒤로 지나가면서 반드시 공손히 하는

것이다

長어른 장/ 者사람 자/ 之갈 지/ 前앞 전
進나아갈 진/ 退물러날 퇴/ 必반드시 필/ 恭공손할 공

年長以倍어든 父以事之하라

나의 나이보다 두 배가 많은 어른이면,

나의 부모님과 같이 모셔라

年나이 연/ 長어른 장/ 以써 이/ 倍곱 배
父부모 부/ 以써 이/ 事섬길 사/ 之갈 지

十年以長어든 兄以事之하라

나보다 나이가 열 살이 더 많으면, 나의

형과 같이 섬겨라

十열 십/ 年나이 년/ 以써 이/ 長어른 장
兄형 형/ 以써 이/ 事섬길 사/ 之갈 지

我敬人親하면 人敬我親이라

내가 다른 사람의 부모님을 공경하면,

다른 사람도 나의 부모님을 공경한다

我나 아/ 敬공경할 경/ 人사람 인/ 親어버이 친
人사람 인/ 敬공경할 경/ 我나 아/ 親어버이 친

我敬人兄하면 人敬我兄이라

내가 다른 사람의 형을 공경하면, 다른

사람도 나의 형을 공경한다

我나 아/ 敬공경할 경/ 人사람 인/ 兄형 형
人사람 인/ 敬공경할 경/ 我나 아/ 兄형 형

친구란
믿고 의지하며
소통하는
관계이다

人之處世에 不可無友니라

사람이 세상을 살아가면서, 친구가 없

을 수 없다

人사람 인/ 之갈 지/ 處곳 처/ 世세상 세
不아니 불/ 可가할 가/ 無없을 무/ 友벗 우

以文會友하면 以友輔仁이라

글공부로써 친구들과 모이면, 그 친구

는 나에게 좋은 마음씨를 나누어 준다

以써 이/ 文글월 문/ 會모일 회/ 友벗 우
以써 이/ 友벗 우/ 輔보텔 보/ 仁어질 인

擇而交之하면 有所補益이라

좋은 사람을 선택하여 사귀게 되면, 나

에게 어려움이 있을 때 도움이 되어 준

다

擇가릴 택/ 而말이을 이/ 交사귈 교/ 之갈 지
有있을 유/ 所바 소/ 補보충 할 보/ 益유익할 익

不擇而交하면 反有害矣니라

나쁜 사람을 가리지 않고 사귀게 되면,

오히려 나에게 좋지 않은 일이 있게 된

다

不아니 불/ 擇가릴 택/ 而말이을 이/ 交사귈 교
反도리어 반/ 有있을 유/ 害해할 해/ 矣어조사 의

白沙在泥하면 不染自汚니라

흰모래가 오염된 진흙과 있게 되면, 물

들이지 않아도 저절로 더러워진다

白흰 백/ 沙모래 사/ 在있을 재/ 泥진흙 니
不아니 불/ 染물들일 염/ 自스스로 자/ 汚더러울 오

朋友有過어든 忠告善導하라

친구에게 잘못이 생기거든, 진정으로

잘못된 것을 말해 주고 좋게 이끌어라

朋벗 붕/ 友벗 우/ 有있을 유/ 過허물 과
忠충실할 충/ 告말할 고/ 善착할 선/ 導인도할 도

人無責友하면 易陷不義니라

사람이 잘못을 일깨워 주는 친구가 없

으면, 올바르지 않은 곳에 빠지기 쉽다

人사람 인/ 無없을 무/ 責꾸짖을 책/ 友벗 우
易쉬울 이/ 陷빠질 함/ 不아니 불/ 義바를 의

見善從之하고 知過必改하라

착한 사람을 보면 그 사람과 같이 실천

하고, 스스로 잘못을 알게 되면 반드시

고쳐라

見볼 견/ 善착할 선/ 從따를 종/ 之갈 지
知알 지/ 過허물 과/ 必반드시 필/ 改고칠 개

厭人責者는 其行無進이라

다른 사람의 충고를 듣기 싫어하는 사

람은, 그 몸과 마음이 맑고 밝아지는

데 나아갈 수 없다

厭싫을 염/ 人사람 인/ 責꾸짖을 책/ 者사람 자
其그 기/ 行행할 행/ 無없을 무/ 進나아갈 진

多友之人은 當事無誤니라

친구가 많은 사람은, 어떠한 일이 찾아

오더라도 잘못되지 않는다

多많을 다/ 友벗 우/ 之갈 지/ 人사람 인
當마땅할 당/ 事일 사/ 無없을 무/ 誤잘못될 오

德業相勸하고 過失相規하라

좋은 결과를 만드는 일은 서로 응원해

주고, 잘못이나 실수를 하면 서로가 모

범이 되어 주며 감싸 주어라

德덕 덕/ 業업 업/ 相서로 상/ 勸권할 권
過허물 과/ 失잃을 실/ 相서로 상/ 規모범 규

禮俗相交하고 患難相恤하라

서로 존중하고 배려하는 예절로 사람을

사귀고, 힘들고 어려운 일이 생기면 서

로 도와 주어라

禮예절 예/ 俗풍속 속/ 相서로 상/ 交사귈 교
患근심할 환/ 難어려울 란/ 相서로 상/ 恤구휼할 휼

行不如言을 是謂不信이라

사람의 행동이 말한 것과 같지 않는 것

을, 이것을 불신이라고 말한다

行행할 행/ 不아니 불/ 如같을 여/ 言말씀 언
是이 시/ 謂말할 위/ 不아니 불/ 信믿을 신

41

아홉가지
생각

視必思明하라

눈으로 볼 때에는 반드시 정확하게 볼

것을 생각하라

視볼 시/ 必반드시 필/ 思생각 사/ 明밝을 명

聽必思聰하라

귀로 들을 때에는 나에게 말하는 참뜻

을 생각하라

聽들을 청/ 必반드시 필/ 思생각 사/ 聰총명할 총

色必思溫하라

사람을 대하는 나의 표정은 반드시 정

다울 것을 생각하라

色빛 색/ 必반드시 필/ 思생각 사/ 溫따뜻할 온

貌必思恭하라

나의 행동은 반드시 상대방을 존중해

줄 것을 생각하라

貌모양 모/ 必반드시 필/ 思생각 사/ 恭공손할 공

言必思忠하라

내가 하는 말은 반드시 마음에서 우러

나옴을 생각하라

言말씀 언/ 必반드시 필/ 思생각 사/ 忠충실할 충

事必思敬하라

어른을 섬기는 일은 반드시 공경하게

할 것을 생각하라

事섬길 사/ 必반드시 필/ 思생각 사/ 敬공경할 경

疑必思問하라

궁금한 일이 생기면 반드시 물을 것을

생각하라

疑궁금할 의/ 必반드시 필/ 思생각 사/ 問질문할 문

忿必思難하라

화가 날 때에는 반드시 사과하고 용서

하는 것이 어렵다는 것을 생각하라

忿화낼 분/ 必반드시 필/ 思생각 사/ 難어려울 난

見得思義하라

이익이 생기면 반드시 공평하게 나누어

의리를 지킬 것을 생각하라

見볼 견/ 得얻을 득/ 思생각 사/ 義의로울 의

是曰九思니라

이것을 아홉 가지 생각이라고 말한다

是이 시/ 曰가로 왈/ 九이홉 구/ 思생각 사

아홉가지
모습

사자
소학

足容必重하라

발걸음은 반드시 조금 무거운 듯 조심

히 걸어라

足발 족/ 容모양 용/ 必반드시 필/ 重무거울 중

手容必恭하라

손동작은 반드시 상대방에게 예절을 지

키는 공손함을 하라

手손 수/ 容모양 용/ 必반드시 필/ 恭공손할 공

目容必端하라

내 눈에 보이는 모든 것은 반드시 바르

게 살펴야 한다

目눈 목/ 容모양 용/ 必반드시 필/ 端바를 단

口容必止하라

입으로 내 생각을 표현할 때는 반드시

필요한 말이 아니면 하지 말라

口입 구/ 容모양 용/ 必반드시 필/ 止그칠 지

聲容必靜하라

목소리는 반드시 상대방이 편안히 들을

수 있게 조금 낮추어라

聲소리 성/ 容모양 용/ 必반드시 필/ 靜고요할 정

頭容必直하라

머리의 모양새는 반드시 심하게 꾸미지

말고 반듯하게 하라

頭머리 두/ 容모양 용/ 必반드시 필/ 直곧을 직

氣容必肅하라

숨을 쉴 때는 반드시 부드럽게 들이마

셨다가 천천히 내뱉어라

氣기운 기/ 容모양 용/ 必반드시 필/ 肅엄숙할 숙

立容必德하라

서 있을 때에는 반드시 올바른 마음으

로 어깨를 펴고 반듯한 자세를 하라

立설 입/ 容모양 용/ 必반드시 필/ 德덕 덕

色容必莊하라

얼굴 표정은 반드시 밝고 활기차게 하라

色빛 색/ 容모양 용/ 必반드시 필/ 莊씩씩할 장

是曰九容이라

이것을 아홉 가지 모습이라고 말한다

是이 시/ 曰가로 왈/ 九이홉 구/ 容모양 용

올바른 덕을
실천하는
마음

仁義禮智는 人性之綱이라

어질고 의롭고 예절을 지키고 지혜롭다

는 것은, 사람이 지켜야 할 마음의 규칙

이다

仁어질 인/ 義의로울 의/ 禮예절 예/ 智지혜 지
人사람 인/ 性성품 성/ 之갈 지/ 綱벼리 강

禮義廉恥를 是謂四維니라

예절을 지키고 의로우며 부끄러움을 아

는 것을, 이것을 네 가지 규범이라고 말

한다

禮예절 예/ 義의로울 의/ 廉부끄러울 염/ 恥부끄러울 치
是이 시/ 謂말할 위/ 四넉 사/ 維벼리 유

出入門戶어든 開閉必恭하라

문을 열고 들어왔다가 다시 나갈 때에

는, 문을 열고 닫는 것을 반드시 조심스

럽게 하라

出날 출/入들어갈 입/ 門문 문/ 戶문 호
開열 개/ 閉닫을 폐/ 必반드시 필/ 恭공손할 공

須勿大唾하고 亦勿弘言하라

모름지기 큰소리 내며 침 뱉지 말고, 또

한 큰소리로 시끄럽게 말하지 마라

須모름지기 수/ 勿말 물/ 大큰 대/ 唾침뱉을 타
亦또 역/ 勿말 물/ 弘클 홍/ 言말씀 언

平生一欺하면 其罪如山이라

살면서 단 한 번이라도 거짓말을 하는

것은, 그 죄가 산과 같이 크고 무거운

것이니라

平평평할 평/ 生날 생/ 一한 일/ 欺속일 기
其그 기/ 罪허물 죄/ 如같을 여/ 山뫼 산

我身能善하면 譽及父母니라

내가 스스로 착한 일을 하면, 세상의 칭

찬이 부모님께도 전해진다

我나 아/ 身몸 신/ 能능할 능/ 善착할 선
譽명예 예/ 及미칠 급/ 父아버지 부/ 母어머니 모

我身能惡하면 辱及父母니라

내가 스스로 나쁜 일을 한다면, 세상의

원망이 부모님께도 전해지게 된다

我나 아/ 身몸 신/ 能능할 능/ 惡악할 악
辱욕될 욕/ 及미칠 급/ 父아버지 부/ 母어머니 모

室堂有塵어든 常必灑掃니라

집안이 지저분해져 있으면, 항상 반드

시 청소하는 것이다

室집 실/ 堂집 당/ 有있을 유/ 塵티끌 진
常항상 상/ 必반드시 필/ 灑뿌릴 쇄/ 掃쓸 소

立身行道하면 揚名後世니라

내가 올바른 행동을 실천하면, 후세에

도 나의 이름이 널리 알려질 것이다

立설 입/ 身몸 신/ 行행할 행/ 道길 도
揚드날릴 양/ 名이름 명/ 後뒤 후/ 世세상 세

人倫之中에 忠孝爲本이라

사람이 살면서 지켜야 할 올바른 행동

중에, 성실한 마음 자세와 효도가 근본

이 된다

人사람 인/ 倫인륜 륜/ 之갈 지/ 中가운데 중
忠충실할 충/ 孝효도 효/ 爲될 위/ 本근본 본

賓客來訪어든 接待必誠하라

손님이 나의 집에 찾아오거든, 맞이하

는 것을 반드시 정성스럽게 하라

賓손님 빈/ 客손님 객/ 來올 래/ 訪찾을 방
接대접할 접/ 待모실 대/ 必반드시 필/ 誠성실할 성

貧窮困厄어든 親戚相救하라

가난하고 어려운 일이 있을 때에는, 친

척들이 서로 도와 주어라

貧가난할 빈/ 窮곤궁할 궁/ 困곤란할 곤/ 厄재액 액
親친할 친/ 戚친척 척/ 相서로 상/ 救구원할 구

婚姻死喪어든 隣保相助하라

결혼식을 할 때와 장례식을 치를 때는,

이웃끼리 서로 도와야 한다

婚결혼할 혼/ 姻결혼할 인/ 死죽을 사/ 喪잃을 상
隣이웃 린/ 保보호할 보/ 相서로 상/ 助도울 조

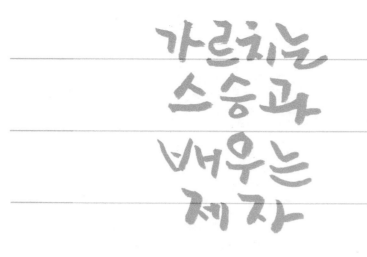

가르치는
스승과
배우는
제자

사자
소학

事師如親하여 必恭必敬하라

스승을 섬기는 일은 부모님과 똑같이

하여, 반드시 공손한 자세로 공경해야

한다

事섬길 사/ 師스승 사/ 如같을 여/ 親어버이 친
必반드시 필/ 恭공손할 공/ 必반드시 필/ 敬공경할 경

先生施敎어든 弟子是則하라

스승님께서 가르침을 베풀어 주시거든,

제자들은 스승님의 뜻을 본받아라

先먼저 선/ 生날 생/ 施베풀 시/ 敎가르칠 교
弟제자 제/ 子사람 자/ 是이 시/ 則법칙 칙

63

勤勉工夫하면 父母悅之니라

부지런한 마음 자세로 공부에 힘쓰면,

부모님께서 매우 기뻐하신다

勤부지런할 근/ 勉힘쓸 면/ 工공부할 공/ 夫공부할 부
父아버지 부/ 母어머니 모/ 悅기쁠 열/ 之갈 지

書冊狼藉어든 每必整頓하라

공부하는 책이 아무렇게나 흩어져 있으면,

매번 반드시 깨끗하게 정리정돈을 하라

書글 서/ 冊책 책/ 狼거칠 랑/ 藉깔릴 자
每매양 매/ 必반드시 필/ 整가지런할 정/ 頓가지런할 돈

64

不教不明인데 不知何行이오

가르치지 않으면 생각이 밝아지지 못하

는데, 잘 알지도 못하면서 어떻게 올바

름을 실천하겠는가?

不아니 불/ 教가르칠 교/ 不아니 불/ 明밝을 명
不아니 부/ 知알 지/ 何어찌 하/ 行행할 행

能孝能悌는 莫非師恩이라

부모님께 효도하고 웃어른을 공경할 수

있는 것은, 스승님의 은혜 아닌 것이 없다

能능할 능/ 孝효도 효/ 能능할 능/ 悌공손할 제
莫말 막/ 非아닐 비/ 師스승 사/ 恩은혜 은

能知能行은 總是師功이라

잘 알게 되고 자신 있게 실천할 수 있

는 것은, 이 모두가 스승님께서 힘써 가

르쳐 주신 덕분이다

能능할 능/ 知알 지/ 能능할 능/ 行행할 행
總모두 총/ 是이 시/ 師스승 사/ 功힘쓸 공

예절은
실천할때
아름다운
것이다

새자
소학

67

行必正直하고 言則信實하라

모든 행동은 반드시 바르고 곧게 하고,

모든 말은 믿음을 주도록 진솔하게 말

하라

行행할 행/ 必반드시 필/ 正바를 정/ 直곧을 직
言말씀 언/ 則곧 즉/ 信믿을 신/ 實열매 실

容貌端正하고 衣冠整齊하라

겉모습은 바르고 깨끗하게 하고, 옷은

단정하고 가지런하게 입으면 된다

容얼굴 용/ 貌모양 모/ 端바를 단/ 正바를 정
衣옷 의/ 冠갓 관/ 整가지런할 정/ 齊가지런할 제

68

作事謀始하고 出言顧行하라

일을 시작할 때에는 먼저 계획을 잘 세

우고, 말을 할 때에는 그 말에 맞게 행

동을 했는지 살펴야 한다

作지을 작/ 事일 사/ 謀도모할 모/ 始처음 시
出날 출/ 言말씀 언/ 顧돌아볼 고/ 行행할 행

常德固持하고 然諾重應하라

올바른 마음가짐은 진실하게 지키고,

어떤 일을 허락할 때에는 신중하게 결

정하여 대답하라

常항상 상/ 德덕 덕/ 固굳을 고/ 持지킬 지
然그리할 연/ 諾허락할 낙/ 重거듭 중/ 應응할 응

飮食愼節하고 言語恭遜하라

음식은 내가 먹을 수 있을 만큼만 먹

고, 나의 생각을 말이나 글자로 이야기

할 때는 공손하게 표현하라

飮마실 음/ 食먹을 식/ 愼삼갈 신/ 節마디 절
言말씀 언/ 語말씀 어/ 恭공손할 공/ 遜공손할 손

修身齊家는 治國之本이라

자신의 몸과 마음을 닦고 가정과 이웃

을 가지런히 하는 것은, 나라를 다스리

는 근본이다

修닦을 수/ 身몸 신/ 齊가지런할 제/ 家집 가
治다스릴 치/ 國나라 국/ 之갈 지/ 本근본 본

讀書勤儉은 起家之本이라

책을 읽는 일과 부지런하고 검소한 생

활은, 집안을 일으키는 근본이 된다

讀읽을 독/ 書글 서/ 勤부지런할 근/ 儉검소할 검
起일어날 기/ 家집 가/ 之갈 지/ 本근본 본

人之德行에 謙讓爲上이라

사람이 좋은 덕을 실천하는 것 중에, 겸

손하고 양보하는 행동이 최고이다

人사람 인/ 之 갈 지/ 德덕 덕/ 行행할 행
謙겸손할 겸/ 讓사양할 양/ 爲될 위/ 上윗 상

己所不欲을 勿施於人하라

자기도 하기 싫어하는 것을, 다른 사람

에게 억지로 시키거나 강요하면 안 된다

己몸 기/ 所바 소/ 不아니 불/ 欲하고자할 욕
勿말 물/ 施베풀 시/ 於늘 어/ 人사람 인

積善之家는 必有餘慶이라

세상의 모범이 될 만한 착한 일을 쌓은

집안은, 반드시 영광스러운 일이 남아

있다

積쌓을 적/ 善착할 선/ 之갈 지/ 家집 가
必반드시 필/ 有있을 유/ 餘남을 여/ 慶경사 경

不善之家는 必有餘殃이라

세상에 나쁜 일을 한 집안은, 반드시

남아 있는 재앙이 찾아갈 것이다

不아니 불/ 善착할 선/ 之갈 지/ 家집 가
必반드시 필/ 有있을 유/ 餘남을 여/ 殃재앙 앙

禍福無門하고 惟人所召니라

재앙과 복은 들어오고 나가는 문이 따

로 없고, 오직 사람이 불러들인 것이다

禍재앙 화/ 福복 복/ 無없을 무/ 門문 문
惟오직 유/ 人사람 인/ 所바 소/ 召부를 소

당부의 글

嗟嗟小子아 敬受此書하라

아! 사랑하는 제자들아 공경히 이 책을

받아 그 뜻을 실천해 주기 바란다

嗟嗟부를 차/ 小작을 소/ 子사람 자
敬공경할 경/ 受받를 수/ 此이 차/ 書글 서

작가소개

無性 이민형 (채비움 서당 훈장)

학력
대전대학교 인문예술대학 서예학과 졸업
동국대학교 문화예술대학원 불교미술학과 졸업
동방문화대학원대학교 문화예술 콘텐츠학과 박사과정

경력
한국미술협회 회원
대한민국미술대전 특선, 입선
원각서예문인화대전 대상
탄허선서함양 전국휘호대회 대상
대전대 신문사 사진 공모전 대상 외 다수
개인전 11회

강의
월정사 단기출가학교 한문 강의
성림사 부모인문학 강의
평창군 진부도서관 한문 강의
공동육아와 공동체교육 교사 한문 강의
하남시 지역아동센터 서예, 한문 강의
서울 강서구 화곡동 공간 짬 서예, 한문 강의
서울 마포구 성서초등학교 교사 인문학 강의
서울 마포구립 성미어린이집 부모인문학 강의
서울 서대문구립 푸른숲 어린이집 부모인문학 강의 외 다수

저서
『부모가 함께 읽는 사자소학』
『도덕경과 함께하는 오늘』

서울시 마포구 성산동에서 마을 주민들과 고전인문학 공부를 하고 있으며
해마다 詩, 書, 畵, 寫眞 등의 작품 활동을 하고 있다.

내가읽고 따라쓰는 사자소학

編譯	無性 이민형 (진부서당 훈장)

펴낸곳	도서출판 도반
펴낸이	이상미
편집	김광호, 이상미, 최명숙
대표전화	031-465-1285
이메일	dobanbooks@naver.com
주소	경기도 김포시 고촌읍 신곡리 1168
홈페이지	http://dobanbooks.co.kr